AF227053

HEURES DE VÉRITÉ,

SATIRE POLITIQUE;

PAR

F. BONNIN.

PARIS

IMPRIMERIE DE JULES DIDOT AINÉ,

Nº 6, RUE DU PONT-DE-LODI.

1831.

AVERTISSEMENT.

———

J'ai placé dans un même jour des événements séparés par un plus long intervalle ; j'ai mis dans la bouche de certains hommes des paroles qui avaient été prononcées par d'autres hommes de leur parti.

Barnave, Robespierre et Danton ne furent point de l'Assemblée législative ; si je les fais paraître au 10 août, c'est parcequ'ils sont à mes yeux les représentants de trois des partis que les révolutions sont toujours prêtes à faire éclore. Cependant Danton vint à la barre de l'Assemblée ; il demanda la déchéance de Louis XVI, et menaça de conduire toute la section des Cordeliers pour disperser l'Assemblée, si elle ne faisait sur-le-champ droit à sa demande.

HEURES
DE VÉRITÉ.

HEURE I.

LE 10 AOUT 1792.

Depuis long-temps on provoquait de toutes parts la déchéance de Louis XVI; l'assemblée législative avait reçu le 4 août les adresses des différentes sections de Paris, tendant toutes à ce but. Les signataires d'une de ces adresses déclaraient qu'ils ne reconnaissaient plus Louis XVI pour roi des Français. Alors commença la lutte de ce parti qu'on appela plus tard la *Gironde* contre le parti *jacobin*, car Vergniaud fit décréter malgré les jacobins que ces adresses étaient inconstitutionnelles; et lorsqu'on demanda une paie de trente sous par jour pour les *fédérés* qui étaient, disaient-ils, déterminés à rester à Paris jusqu'à ce qu'il n'y eût plus de traîtres: « Les orages s'amoncellent, « dit Vergniaud; quoi! les fédérés sont donc char-« gés en dehors du gouvernement de maintenir « l'ordre en France? Cet état de choses m'effraie! « Et pourtant il faut bien qu'ils vivent, et si l'as-« semblée législative ne les paie pas, ils recevront

« la solde des jacobins. » Pendant les jours qui suivirent jusqu'au 10 août, l'assemblée reçut des pétitions de plus en plus énergiques. On accusait sa conduite ; on disait que la Constitution renfermait des germes destructeurs de la liberté. C'est ainsi que les esprits fermentaient, et que les agitateurs préparaient la grande catastrophe du 10 août. Pour y parvenir plus sûrement, ils cherchaient à diviser et à désorganiser la garde nationale, dont ils vouaient tous les grenadiers à l'exécration publique. Les jacobins essayèrent leurs forces le 8 août contre les députés qui avaient absous La Fayette de l'accusation portée contre lui par les fédérés. Ces députés furent poursuivis, menacés, couverts de boue ; quelques uns furent soulevés pour être pendus à la lanterne, d'autres furent atteints par les pierres qu'on leur lançait ; et lorsque Vadier demanda ironiquement à Girardin en quel endroit il avait été blessé : « Les bri« gands, répondit celui-ci, ne frappent que par« derrière. »

La séance du 9 août, qui suivit ces insultes et qui précéda la journée du 10, ressemblait à ces jours d'été où des nuages obscurs, portés par tous les vents et sillonnés par les éclairs, vont s'épaississant toujours et accumulant dans leur sein les orages et les tempêtes. La nuit fût plus terrible encore ; les uns préparaient leurs attaques pour le lendemain, et les autres se disposaient à la résistance. Mais il y avait des hommes amis de la liberté qui éprouvaient de vives inquiétudes. Si Louis triomphe, disaient-ils, c'en est fait de la liberté; et s'il est vaincu, ô que de malheurs pour la patrie! car tout le prestige du pouvoir sera détruit; et quel gouvernement pourra-t-on élever, quand l'anarchie sera dans les esprits? ne sommes-nous pas assez chargés des malheurs du 20 juin? Ainsi parlait Vergniaud à ses amis; il pressentait déja tous les maux que l'avenir couvait dans son sein; Barnave les pressentait comme lui; mais tous deux se laissèrent entraîner par leurs sentiments vers une extension illimitée de liberté. Ils songeaient du moins à s'emparer du pouvoir pour qu'il ne tombât pas dans les mains des méchants. Vain espoir! le temps est plus fort que les hommes, et l'opinion est un torrent qui s'alimente et grossit sans cesse dans la voie des théories.

Enfin le 10 août était arrivé, et chaque député, agité de diverses inquiétudes, s'était rendu à l'assemblée législative. Le canon commençait à gronder : «Messieurs, dit Girardin, sauvons la patrie! «sauvons la liberté! que tous les membres de cette «assemblée, revêtus de leur costume, se transpor- «tent au milieu du danger et engagent les bons «citoyens à se retirer.» — «Le sang qui coule «est-il donc si pur?» s'écria Danton. Ici Barnave frissonna, les jacobins applaudirent, les girondins demeurèrent silencieux, et la minorité de l'assemblée frémit. Cependant des messages se succédaient continuellement; les Suisses avaient tiré les

premiers sur le peuple, et le peuple vainqueur en-
vahissait le château des Tuileries; l'assemblée fit
proposer au roi de se réfugier dans son sein. De
temps en temps des hommes armés de piques pa-
raissaient dans l'assemblée : Le peuple est vainqueur, criaient-ils; nous demandons la déchéance
du tyran. Alors Danton s'élançant à la tribune :
L'airain de la révolution bouillonne, dit-il, il
faut en jeter la statue. Ces mots remuaient toutes
les ames, et Vergniaud, craignant que les plus
faibles de son parti ne passassent dans le parti des
jacobins : Allons, Barnave, dit-il, recueillons ce
qui reste d'ordre et de pouvoir, afin que Danton
n'achéve pas d'écraser la liberté sous ses pieds.

Cependant le roi était arrivé avec sa famille; on
le plaça dans la tribune d'un sténographe. Je viens
au milieu de vous, dit-il, pour empêcher un grand
crime. Son fils, né sous l'étoile de la liberté amé-
ricaine, paraissait pour la première fois devant les
représentants d'un grand peuple; c'était pour voir
briser la couronne tombée de la tête de son père.
Vergniaud fit adopter un décret qui suspendait
l'exercice du pouvoir exécutif, et ordonnait la con-
vocation d'une Convention nationale pour délibérer
s'il y avait lieu à faire une nouvelle Constitution.
On procéda ensuite à la composition d'un nouveau
ministère. En ce moment le peuple fait irruption
dans l'assemblée; il crie, il agite ses armes. Girardin demande qu'on suspende la séance jusqu'à ce
que la salle soit évacuée par ceux qui ne sont pas

députés. «Les hommes qui ont peur, dit Robes-
«pierre, sont indignes d'être les représentants du
«peuple. » On alla aux voix, et Danton fut ministre
de la justice.

L'instant d'après on annonce que les Suisses
vainqueurs marchent sur l'assemblée : «Eh bien!
«dit un député, que le président se couvre, et
«mourons sur nos bancs. » Robespierre pâlit: Ceux
qui ont peur, dit Girardin, sont indignes d'être les
représentants du peuple! Alors l'assemblée entière
se lève spontanément et fait entendre le cri una-
nime de *Vive la nation! vive la liberté!* Les Suisses
ne vinrent point, ils furent repoussés par la gendarmerie à pied. Telle fut l'issue de cette journée
qui renversa un trône, et coûta cinq mille citoyens à la patrie. — C'est vous, disait Robespierre aux girondins, qui avez fait le 10 août, en
absolvant La Fayette. — Et le peuple toujours ma-
gnanime, reprenait Bourdon, s'est rendu la justice
qu'on lui refusait. — Aussi, ajoutait ironiquement
Girardin, il a frappé cinq mille coupables.

La famille royale fut transportée au Temple. La
Fayette fit de vains efforts pour rétablir la Constitution. «C'est avec une vive douleur, disait-il à
«son armée, que j'ai appris les derniers désordres
«qui ont eu lieu dans la capitale. Les gardes na-
«tionales et les Suisses, qui défendaient le château,
«ont été la plupart égorgés. Le commandant de la
«garde nationale a eu la tête coupée par des bri-
«gands, et au milieu de ce massacre le roi et sa

« famille se sont réfugiés au sein du corps législa-
« tif, qui lui-même a été entouré d'une troupe sédi-
« tieuse. C'est dans ce moment que la suspension
« du roi a été prononcée. » Ensuite La Fayette engagea son armée à se rallier autour de la Constitution, à jurer de vivre pour l'observer, et de mourir pour la défendre. Ce discours n'entraîna point
l'armée ; La Fayette proscrit prit la fuite avec Lameth, Latour-Maubourg et un colonel. Tous les
quatre furent arrêtés aux avant-postes autrichiens,
et successivement transférés à Wesel, Magdebourg,
Glatz, Neiss, et Olmütz, où ils éprouvèrent toutes
les rigueurs de la captivité. Stupide vengeance
contre des hommes qui n'étaient point coupables,
et qui n'étaient pas justiciables de l'Autriche !

HEURE II.

DÉCRET D'ACCUSATION CONTRE MARAT.

Vergniaud, Fonfrède et Gensonné se dirigeaient
ensemble vers la Convention nationale ; un rayon
d'espoir brillait encore sur la figure de Vergniaud,
mais on y remarquait déja ce caractère de tristesse
qu'il porta à l'assemblée après la condamnation de
Louis XVI. Gensonné paraissait calme, et Fonfrède
était plein d'enthousiasme et d'espérance. La république sera-t-elle stable ? disait Vergniaud. O
comme je donnerais volontiers mon sang pour en

féconder les principes ! — Et Robespierre qui suivait à quelques pas derrière lançait sur lui un regard farouche en baissant la tête et murmurait : Tu le donneras, et je détruirai la république. — Développons les principes, disait Gensonné. — Tu mourras ! répétait encore Robespierre. — O, disait Fonfréde, que les jours de la liberté sont brillants ! quelle gloire !… Et Robespierre répétait sourdement : Si tu ne veux que de la gloire tu vivras. — Quelle gloire, continuait Fonfréde, de fonder la liberté de son pays et de le garantir à jamais contre les entreprises de la tyrannie ! — Tu mourras ! s'écria Robespierre avec un mouvement convulsif. Les trois députés l'entendirent et se retournèrent pour le regarder. Messieurs, leur dit Robespierre, quels beaux jours que ceux où nous allons voir notre patrie marcher fièrement dans le sentier de la liberté, arrosé par le sang du tyran ! — Le pied glisse quelquefois dans le sang, dit Vergniaud ; et Robespierre contint dans ses entrailles la convulsion qui l'agitait. Barbaroux qui venait d'un autre côté les aperçut bientôt, et dit à Rebecqui : Vois donc Robespierre avec sa figure patibulaire ; il semble conduire nos amis à l'échafaud. — Nous sauverons la patrie, ou nous périrons, répondait Rebecqui.

En disant ces mots, ils entrèrent dans la salle. Barbaroux, sans perdre un instant, monte à la tribune, et lit une pétition de la commune de Beaugenci, calomniée par Marat. La commune dit que

Marat est un monstre et demande un décret d'accusation contre lui ; en même temps la Société des jacobins de Beaugenci déclare qu'elle ne correspondra plus avec les jacobins de Paris, si ceux-ci ne s'épurent en chassant de leur sein Marat et tous les agitateurs qui les déshonorent.

Alors les accusations contre Marat se succédèrent rapidement. Il prêche le meurtre et le carnage, disaient les uns ; il désorganise la discipline militaire, criaient les autres.—Je frémis d'horreur, disait Rebecqui, en voyant monsieur Marat à la Convention, et Paris s'est déshonoré en le nommant député. Là-dessus quelqu'un réclama le respect dû aux membres de l'assemblée.—Du respect pour Marat ! s'écria Barbaroux. Je demande que Marat soit livré à la justice ; et il lut alors le procès-verbal du second bataillon des fédérés marseillais, qui constatait que Marat avait voulu exciter les Marseillais contre la gendarmerie. — Marat est un monstre, s'écrie un autre député ; il dit que la tranquillité ne peut renaître si on ne massacre deux cent cinquante citoyens. — C'est mon opinion, ajouta Marat. A ces mots l'assemblée se souleva d'indignation et força Marat au silence.—Il est temps, dit Barbaroux, que Marat obtienne ce qu'il demande ou ce qu'il mérite. Mais, quelque hideux que soit Marat, il n'est pas le plus dangereux ennemi de la liberté ; Marat est l'avant-garde et la sentinelle perdue d'un triumvirat qui veut usurper tout le pouvoir.—Nommez-le, dit Robespierre.—

C'est toi qui en es le chef, reprit Barbaroux. — Quels sont tes témoins? demande Robespierre. — Moi, s'écrie Rebecqui; et Lasource ajouta qu'on connaissait le complot pour faire assassiner Brissot, Vergniaud, et les deux cent cinquante girondins, dont Marat demandait les têtes.

Alors Robespierre monte à la tribune et fait son apologie. Il déclare que la haine dont on le poursuit date du jour où il dénonça Lameth et La Fayette. On me reproche de n'aimer pas les mesures modérées de ces gens qui veulent tenir le milieu entre le bien et le mal; eh bien! dit-il, j'accepte l'accusation, car je demande le niveau révolutionnaire qui égalise les hommes par le sommet. Danton prenant alors la parole: On accuse, dit-il, Robespierre et d'autres citoyens; mais cette imputation est vague, et toute accusation doit être signée, et celle-ci personne ne l'oserait. — Je la signe, s'écrie Rebecqui en s'élançant vers le bureau; et moi aussi, dit Barbaroux. Mais Danton, frappant sur le bureau, renversa l'écritoire et fit murmurer l'assemblée. Je n'aime pas Marat, s'écria-t-il, mais je rends justice à ce citoyen; l'âcreté de son caractère provient des longues persécutions qu'il a éprouvées, et de la vie souterraine qu'il a menée long-temps. — C'est vrai, dit Marat. — Citoyens, reprit Danton, oublions ces discordes et faisons des lois contre la dictature. La Montagne applaudit. — Citoyens, dit Buzot, Danton a dévoilé son parti; il demande des lois contre la dictature, comme si la loi pouvait atteindre un dictateur. Non, non, faisons des lois contre ceux qui préparent les moyens de parvenir à la dictature, et méprisons Marat avec ses discours et ses placards incendiaires. — Je viens me justifier, dit Marat, et d'abord je déclare que Chabot qui m'a déja accusé est un *dindon*, et que je me brûlerai la cervelle à cette tribune, ajouta-t-il en montrant un pistolet, si vous me mettez en accusation. Je déclare que je suis le meilleur républicain de l'assemblée ; que Guadet et Vergniaud ont cabalé dans la Gironde, et qu'ils sont mes ennemis personnels... Tous ! tous ! s'écrièrent les girondins. — Je vous rappelle à la pudeur, reprit Marat ; et je déclare, qu'il faut à la république une copieuse saignée ; que ses ennemis sont Brissot et Vergniaud, et qu'il faut organiser une insurrection pour se défaire de ces tyrans ; qu'il y a un coup rolandiste ; que Dumouriez viendra à Paris ; qu'il présentera des mémoires contre Pache, et que Barbaroux demandera un décret d'accusation contre Pache. — Eh bien ! dit Gensonné, si monsieur Marat fait l'apologie de Pache, Pache ne peut pas différer de se justifier.

Vergniaud monta alors à la tribune, et dit : S'il est un malheur pour un représentant du peuple, c'est de remplacer à cette tribune un homme dégouttant de calomnies, de fiel et de sang ; un homme dont j'ai juré de ne jamais prononcer le nom, et que la probité des autres embarrasse ; un homme pour qui *liberté* signifie *licence*, *égalité* signifie *pillage*, et *révolution* veut dire *massacre*.

Lorsque Vergniaud ent fini de parler, on procéda à l'appel nominal. Quatre-vingt-douze voix
furent contre l'accusation, sept pour l'ajournement, sept se récusèrent, et deux cent vingt votè-
rent en faveur de l'accusation. Marat oublia de se
brûler la cervelle, et quelque temps après il fut
absous par le jury.

HEURE III.

LE 21 JANVIER 1793.

Vergniaud était sur le point de partir pour la
Convention, lorsque Boyer-Fonfréde entra chez
lui, et remarquant le visage abattu de Vergniaud,
il s'effraya, et lui demanda la cause de sa tristesse. —As-tu dormi, Fonfréde? lui dit Vergniaud.
—Mon sommeil était fatigant, mais j'ai dormi.—
Regarde, ajouta Vergniaud en tirant les rideaux
d'une alcôve; et Fonfréde vit le lit de Vergniaud
arrosé de larmes. Je pleure, non pas sur la victime
que nous frappons, mais sur ma patrie et sur moi;
je pleure, car je prévois d'immenses malheurs, et
ma conscience ne peut se concilier avec ma raison.
Que font Kersaint et Manuel? C'étaient de bons
patriotes! —Viens, viens, dit Fonfréde; n'oublions
pas la Convention. Ils sortirent, et rencontrèrent
Manuel qui fuyait de Paris; Vergniaud lui tendit
la main. Eh bien! Manuel, dit-il, tu n'as pas voté

la mort et tu te retires, parceque la Convention te fait horreur.—Ah! dit Manuel en se frappant le front, ce n'est pas la Convention, c'est l'anarchie qui nous dévore! Vois, ajouta-t-il en montrant plusieurs lettres, on me menaçait de mort si j'absolvais le tyran. Alors Vergniaud reprit : Je ne sais quel genre de courage nous a tous dominés; le vertige de l'anarchie nous égare; car moi aussi j'ai reçu des lettres; et il en montra plusieurs qui le menaçaient de mort, s'il votait la mort de Louis. Lepelletier, reprit Manuel, a été assassiné; il est mort.—Grand Dieu! n'avait-on que lui à frapper! s'écria Vergniaud. — Eh bien! dit Manuel, tu ne crains pas la mort, mais Kersaint a montré plus de courage que toi, en disant à la Convention qu'il ne pouvait plus siéger à côté des septembriseurs. —Adieu, Manuel, dit Vergniaud, je mourrai à mon poste. Manuel le regarda silencieusement, et se repentit d'avoir donné sa démission; ensuite il s'éloigna sur la route de Montargis en tournant de temps en temps les yeux sur la ville qu'il fuyait.

Il fallait bien voter la mort, dit Vergniaud à Fonfréde, ou bien il fallait détruire tout ce qui s'était fait depuis le 10 août, il fallait déclarer que la Convention était illégale, et rétablir la Constitution de 91; or c'était impossible... proclamer que les auteurs du 10 août étaient des scélérats, c'était augmenter l'anarchie, c'était abandonner le pouvoir à Robespierre et à Marat; c'était tuer toute la France; j'ai mieux aimé frapper un seul homme que d'en frapper mille. — Je te jure, dit Fonfréde en portant la main sur son cœur, que si j'eusse cru Louis innocent, je l'aurais absous. — Louis n'était pas innocent, reprit Vergniaud, mais il n'était pas coupable du crime dont nous l'accusons. — Eh bien! dit Fonfréde, pourquoi as-tu voté la mort, si tu penses ainsi? — Ah! Fonfréde, c'est ce gouvernement établi depuis le 10 août, qui se dévorera peut-être lui-même, mais qu'aucune force humaine ne peut renverser, c'est ce gouvernement qui m'obligeait à voter, et pour le crime qu'il fallait admettre, il n'y avait que la mort... Dieu! abandonner le pouvoir à Robespierre et à Marat! O France! France! Tu sais, ajouta-t-il, tout ce que j'ai fait pour empêcher la mise en accusation! En disant ces mots ils arrivèrent à la Convention.

Là on s'entretenait du meurtre de Lepelletier: Moi, dit Bréard, on a voulu m'assassiner aux Tuileries; et moi, dit Goupilleau, j'ai été menacé au café de l'Union. En ce moment des commissaires qui se succédaient rapidement vinrent annoncer la mort de Louis. Les députés se levèrent spontanément en criant avec des sentiments bien différents: *Vive la liberté! vive la nation!* Citoyens, dit le commissaire, Louis a voulu parler, mais Santerre a étouffé sa voix par un roulement de tambours. *Vive la nation!* crièrent les montagnards. *Vive la liberté!* répondirent les girondins. Le commissaire se trompait, Santerre ne songea point à étouffer la voix de Louis; on dit que ce fut un homme qu'après la Restauration on a vu mendier la faveur d'un regard au château des Tuileries.

La république est affermie, dit Barrère, et l'arbre de la liberté va croître; mais il faut poursuivre les royalistes et les émigrés qui ont assassiné Lepelletier. Je demande donc qu'on fasse des visites domiciliaires. Et Danton, je ne sais par quel motif, s'opposa aux visites domiciliaires. Ensuite Robespierre demanda que le ministre Roland fît imprimer tous les écrits tendant à former l'esprit public. A présent, dit-il, que la patrie s'est vengée... — La patrie ne se venge pas, s'écria Vergniaud; mais la loi punit. — Où donc était la loi? dit Lanjuinais en se penchant vers l'oreille de Vergniaud. Et Vergniaud, jetant sur lui un regard empreint d'une profonde tristesse, demeura silencieux sur son banc; mais, dit Fonfréde à Lanjuinais, l'inviolabilité permettait-elle donc de déclarer d'abord la culpabilité, et de voter ensuite la réclusion?

L'assemblée se sépara; les députés prirent différents chemins. Nous avons fait un grand pas, dit Saint-Just; mais les girondins ont conservé la majorité en nous suivant. Ces misérables, répondait Robespierre, sont gangrenés de l'amour du bien public; nous ferons bien tant d'anarchie, ajoutait-il, que nous les dévorerons. Le 13 janvier, dit Marat, tu préparas l'esprit du peuple, et le président de la Société des jacobins disait : Le premier rolandiste, brissotin, feuillant ou girondin que je rencontre, je l'assassine. Pourquoi n'en a-t-on pas assassiné? — Tais-toi, Marat, dit Robespierre; le misérable! ajouta-t-il en se tournant vers Saint-Just, s'il n'était que féroce, mais il est stupide!

HEURE IV.

LES PROPRIÉTAIRES, LES BOULANGERS, LES BOUCHERS ET LES ÉPICIERS.

La Convention nationale, qui roula le niveau de l'égalité sur toutes les têtes, fit divers réglements pour obtenir cette impraticable égalité; la nature résista à ses exigences, et ne refondit ni les hommes ni les choses dans ce nouveau moule républicain.

Jacques Roux, membre de la commune de Paris, et violent partisan de Marat, voulait que l'on mangeât des pommes de terre, et que l'on tuât les chiens et les chats; c'était, disait-il, le moyen de prévenir les disettes. Il fit cette motion à l'occasion d'une demande présentée par quelques officiers, pour obtenir un surcroît de solde : Roux s'applaudissait d'avoir reçu dans la Commune le surnom de *Petit-Marat*.

Robespierre, envisageant la question sous une autre face, détruisait toute liberté individuelle pour fonder *sa liberté publique*. Citoyens, disait-il, les terres appartiennent à ceux qui les possèdent, mais elles ne peuvent être une propriété absolue;

car s'il plaisait aux riches de laisser leurs terres incultes, ils pourraient facilement créer des disettes. La société a donc le droit de forcer les riches à la culture, et à la culture des choses qui se consomment. Et là-dessus le rusé dictateur fit ordonner par une loi à tous les propriétaires de planter des pommes de terre et des haricots. La citoyenne Marbœuf, songeant à élever des chevaux pour l'armée, avait fait remplacer les fleurs de son jardin par du tréfle et de la luzerne; la loi lui ordonnait de semer des pommes de terre, elle fut conduite à l'échafaud, et son jardin devint la propriété d'un homme qui cria : *Vive l'égalité!*

Le citoyen Georges, jardinier à Paris, reçut la visite de quatre commissaires qui parcoururent son jardin, faisant du dégât dans des carrés plantés d'artichauts, de jeunes pois, de céleri, etc. *Georges, lui dirent-ils, retourne tes allées, arrache l'allée d'ormille, et que dans quatre jours ton jardin soit ensemencé de pommes de terre et de haricots, ou bien nous le donnerons à un autre.* Georges se plaignit, et l'on répondit que de tout temps il y avait eu des chenilles qui avaient toujours tout détruit et tout dévoré, qu'il fallait pourtant se défier de ces hommes qui arracheraient un arbre pour planter un chou; mais que si quelques jardiniers préféraient une vaine jouissance à la culture des choses utiles, il fallait les inviter révolutionnairement à faire leur devoir.

Cependant Danton était à la tribune, et parlait

d'une manière vague sur la chose publique; son discours n'était pas compris, mais l'harmonie des paroles et l'effet magique de quelques mots jetés au hasard, et par intervalles, fixaient l'attention des députés, et gagnaient des partisans à l'orateur. Robespierre en frémissait: Va, disait-il à Saint-Just, il faut le perdre, il nous écraserait. Danton n'est pas austère, fais une motion sur le luxe, sur les bouchers, sur les boulangers; nous détruirons la popularité de Danton, nous l'enverrons dans les départements se gorger d'or, et nous ferons tomber sa tête.

Aussitôt Saint-Just, avec la joie d'un lionceau que sa mère instruit à saisir une proie, s'élance à la tribune. Liberté! égalité! s'écrie-t-il; et comment serons-nous égaux tant que la loi ne proscrira pas tous les titres d'inégalité? Je demande, citoyens, que les pauvres soient nourris comme les riches, qu'ils mangent tous le même pain, et qu'il y ait peine de mort contre le boulanger qui fera du pain de luxe. — Je demande, ajoute Couthon, que les bouchers soient tenus de vendre toute viande au même prix, afin qu'il n'y ait pas de morceaux choisis et privilégiés pour les riches. — Et moi, s'écrie Marat, je demande qu'on pende à sa porte tout boulanger qui refusera de vendre du pain, sous prétexte qu'il n'en a pas. — Et moi, dit Barbaroux, qu'on pende la Commune, si elle ne fournit pas de farine aux boulangers; et qu'on pende Marat si les moissons ne donnent pas de blé

2

à la Commune. Les tribunes hurlent contre Barbaroux. Et je demande, reprit Marat, qu'on pende
à sa porte tout boucher qui aura vendu du même
bœuf à différents prix. — Citoyens, dit Gensonné,
si les différentes parties du bœuf ont des valeurs
différentes.... A bas, Gensonné ! crièrent les tribunes. — Citoyens députés, dit une voix, le boucher de la rue de *** refuse de la viande aux citoyens pauvres en disant qu'il n'en a pas, et il y a
telle famille à qui il en vend soixante livres par
jour, parcequ'on le paie. — Celui de la rue de ***,
dit une autre voix, a vendu hier quatre cents livres
de chandelle. — Avant-hier, s'écriait un troisième,
on a trouvé un veau tout frais dans la rivière, et
pourtant les pauvres ne trouvent pas de viande
chez le boucher, parcequ'ils n'ont pas d'argent.
(Pendez-les, murmurait Marat; bon ! disait Robespierre.) Quand ils peuvent obtenir des os, ou des
morceaux de rebut, reprenait la même voix, c'est
beaucoup, et pourtant nous sommes vos frères et
vos égaux. Mais c'est une conspiration, c'est une
aristocratie ; les bouchers et tous les marchands
sont des aristocrates. — « Citoyens députés, criait
« une autre voix, je denonce tous les détenus, ils
« insultent par leur vie luxurieuse à la bonhomie
« du peuple ; on laisse entrer avec eux leurs fem-
« mes et leurs enfants ; ils reçoivent des mets ex-
« quis, des vins délicieux, des fruits choisis. Musique,
« concerts, rien ne leur manque. Ils passent des
« moments délicieux, mais dangereux à la chose

« publique ; tandis que les sans-culottes mangent
« un pain de douleur arrosé de larmes. La viande
« et les bonnes choses doivent être pour les sans-
« culottes, pour les vrais défenseurs de la patrie,
« afin qu'ils y puisent les forces nécessaires pour
« combattre nos ennemis. Mais les bouchers, les
« charcutiers, les épiciers....» Les épiciers ! on les
pille, crie une voix. — Tant mieux ! répondent les
tribunes.—Citoyens, reprend un autre, on ne pille
pas ; mais on achète les choses à bon marché. On
a diminué le savon de quatorze sous la livre ; on en
a fait de même pour les autres marchandises. — Ils
y perdent donc moitié ? dit un girondin. — Tant
mieux ! répétèrent les tribunes. Une voix ajouta : Il y
a bien des acheteurs qui ne paient rien.—Qu'est-ce
que cela vous fait ? crièrent encore les tribunes. —
On pille les marchands de chandelle, dit un autre.
Alors Guinot, officier municipal, vint se plaindre
qu'on avait pillé sa maison ; les épiciers demandèrent une indemnité à la Convention. Les tribunes
hurlèrent, et un membre effrayé demanda que si
on indemnisait les épiciers, on les condamnât aussi
à restituer au peuple le gain qu'ils avaient fait
avant le pillage. Alors le regard de Robespierre
s'allumant tout à-la-fois de l'œil du tigre et de l'œil
du renard : La victoire est à nous, dit-il.

HEURE V.

LE 31 MAI 1793., OU DÉFAITE DES GIRONDINS.

Vergniaud et plusieurs autres girondins s'entretenaient des affaires publiques un jour (le 31 mai) qu'ils allaient à la Convention nationale. Ils passèrent auprès d'un groupe nombreux, et entendirent les cris de *vive la Liberté! vive la Gironde!* Vois-tu? dit Gensonné à Vergniaud, le peuple nous applaudit. — Il applaudirait bien plus fort, répondit Vergniaud, s'il nous voyait aller à la guillotine. — Et Brissot, secouant tristement la tête, disait : C'est le cri des honnêtes gens, il se fait entendre, parceque celui des scélérats n'a pas encore retenti. En ce moment Lanjuinais se joignit à eux, et Gensonné reprenant la parole : Nous sommes en majorité, dit-il, évitons les discussions orageuses, fermons la bouche à la Montagne, et ne combattons que par nos votes. — Hélas! ajoutait Vergniaud, la république n'est pas possible. Je suis las! les malheurs de ma patrie me pèsent! — Eh bien! s'écriait Lanjuinais, abandonnez la patrie dans le précipice, laissez fondre sur elle ce déluge de maux dont la Montagne nous menace; ou, comme le veut Gensonné, interrompez les discussions, et l'on vous fera passer pour des oppresseurs, et les brigands soudoyés de la Montagne vous assassineront.

Pour moi, rien ne pourra étouffer ma voix, je veux dévoiler à la France les crimes et les intrigués de ceux qui veulent l'opprimer. — Tes efforts seront vains, disait Vergniaud. — J'aurai du moins persisté jusqu'au bout, reprenait Lanjuinais, dont l'enthousiasme communiquait son feu sacré au cœur du jeune Fonfrède. Mais le découragement de Vergniaud gagnait ses collègues, et c'est dans ces dispositions qu'ils entrèrent à la Convention.

Robespierre était déja à la tribune, et désignait comme partisans de Dumouriez, des membres de l'assemblée, que cependant il ne nommait pas. Je demande, s'écria un girondin, que sans égard pour la représentation nationale tout député soit mis en accusation, s'il est seulement soupçonné d'avoir conspiré. Le décret fut porté aussitôt, et Marat prenant la parole : Je déclare, dit-il, que Brissot, Vergniaud, et plusieurs autres, sont les complices de Dumouriez; il lut au même instant une adresse des jacobins de Marseille qui dénonçait tous les partisans de la Gironde, et portait une menace de marcher sur Paris, pour la troisième fois, afin *d'exterminer les modérés dont le souffle impur souillait l'air de la Convention.* Alors un girondin prenant la parole : Oui, dit-il, il y a des traîtres dans la Convention, et ceux-là sont ceux qui pour préparer le retour des rois ont fait rapporter le décret qui bannissait les Bourbons de la république; ce sont ceux qui dans leur désespoir courent maintenant à l'égalité avec fureur, pour cacher leurs honteuses et perfides manœuvres ; ce sont Robespierre, Marat, et tous leurs adhérents.

Moi! s'écria Robespierre, j'appelle la tyrannie! Citoyens, vous ne le croyez pas, et je n'ai pas besoin de m'en justifier. Pour Marat, je ne comprends pas l'aveuglement qu'on met à poursuivre ce citoyen, pour avoir imprimé *quelques fautes de style* dans son journal. Alors Marat s'élançant à la tribune : Citoyens, dit-il, je n'aime pas les rois, on le sait bien ; j'aime le peuple, et c'est pour cela que j'ai écrit dans mon journal que le meurtre, le pillage et l'incendie étaient licites pour faire prévaloir une insurrection ; c'est pour cela que j'ai écrit qu'il fallait à la république deux cent mille têtes pour la régénérer. Je l'ai écrit, citoyens, et c'est mon opinion... Il allait continuer lorsque Buzot, s'emparant de la tribune, l'en fit descendre d'un regard foudroyant. Mais au même instant les jacobins firent jouer leur épouvantable manœuvre ; leurs agents remplirent les tribunes, se présentèrent à la barre, et demandèrent la mise en accusation de Vergniaud, Guadet, Gensonné, etc.

Fonfrède, se levant, demanda que son nom fût joint à la liste des proscrits : il est plus honorable, ajouta-t-il, de mourir avec eux que de vivre avec vous. Je le demande aussi ; nous le demandons tous, s'écrièrent les amis de Brissot et de Vergniaud.

Alors les vociférations des tribunes étouffèrent toutes les voix, et des bâtons noueux brandirent sur toutes les têtes. Lorsque le silence fut un peu rétabli : Eh bien ! dit Barrère, puisque les girondins ont perdu la confiance du peuple, je crois qu'ils doivent suspendre l'exercice de leurs pouvoirs. A ces mots, des hurlements féroces exprimèrent la joie des tribunes. Mais Lanjuinais, conservant un visage serein, et jetant sur ses collègues un regard assuré : N'attendez de moi ni démission ni suspension, dit-il ; les sacrifices doivent être libres, et nous délibérons sous les poignards. Alors Danton avec son audace effrénée : Oui, sans doute, tu délibères sous les poignards, ajouta-t-il, et je vais ici proclamer de grandes vérités. En révolution il suffit d'oser, et l'autorité revient toujours aux plus scélérats. — Nos amis occupent les tribunes, s'écria Marat, ils agiront pendant que nous parlerons. — Oui ! oui ! hurlèrent les tribunes, mort aux girondins ! aux scélérats! vivent les amis du peuple ! — Sachez, disait Lanjuinais, qu'une victime n'est point insultée alors qu'on l'immole.— Frappez, frappez, s'écriait Vergniaud, il n'y a point de république.—L'imbécile, disait Collot-d'Herbois à ses voisins, il a cru à l'égalité! Le peuple, c'est nous et ceux que nous faisons mouvoir ; l'égalité, c'est ce mouvement de bascule qui les abaisse et nous élève ; la liberté, c'est notre triomphe ; allez, troupeau d'imbéciles, ajoutait-il, vous n'avez pas compris la révolution, et vous avez pensé qu'après la chute du tyran on n'organiserait pas contre vous les insurrections que vous aviez organisées contre lui. — C'est vrai, dit Vergniaud en gémissant ; la révolution, comme Saturne, doit dévorer ses enfants. Et il sortit de la salle, suivi de tous les girondins, laissant Lanjuinais résister seul et faire contre les poignards les derniers efforts pour sauver ou ramener l'ordre public, tandis que le ministre de la justice, le commandant en chef de la garde nationale, le maire et le procureur de la Commune, secondaient les efforts des montagnards et excitaient leur fureur.

Les girondins se dispersèrent ; on en arrêta quelques uns ; on les retint en prison jusqu'à la fin d'octobre, et alors on les envoya à l'échafaud. Pendant les cinq mois de leur détention, ils apprirent successivement la mort de l'infame Marat et celle du malheureux Condorcet ; ils furent rejoints par Fonfréde, qui se fit proscrire en demandant à l'assemblée le rapport du décret contre les girondins. Fonfréde leur dit qu'on avait fait l'apothéose de Marat, qu'une section de Paris avait pris le nom de Marat, et que Danton demeurait dans la rue de Marat ; plusieurs citoyens, ajouta-t-il, affichent leur patriotisme de cette année en ajoutant le nom de Marat au leur qu'ils n'ont pas encore pu rendre assez hideux.

Les prisonniers passèrent les derniers jours du mois d'octobre à s'entretenir des malheurs de la France et de ses destinées futures ; ils répétaient parfois avec enthousiasme l'ode de Chénier à Charlotte Corday, que Fonfréde leur avait apportée dans sa mémoire ; puis Vergniaud, retombant dans une profonde tristesse, répétait que la révolution, comme Saturne, dévorerait ses enfants. Enfin ils allèrent à l'échafaud en chantant l'air populaire :

« Plutôt la mort que l'esclavage. »

HEURE VI.

ARRESTATION DE DANTON.

Danton avait une femme qu'il adorait, car son cœur n'était pas un cœur froid ; l'énergie des mesures révolutionnaires commençait à fatiguer son ame ; il parlait quelquefois de ramener la révolution à l'humanité, et ces paroles qui exprimaient les sentiments de son cœur pouvaient aussi dévoiler les projets de son ambition ; car Danton n'avait plus besoin de la révolution pour les jouissances qu'il cherchait, il avait acquis assez d'or ; et en se mettant à la tête des modérés il pouvait renverser le parti de Robespierre. Celui-ci en frémit, et jura la perte de son rival. Legendre instruisit Danton des projets qui se machinaient contre lui. — Viens, dit Danton, allons chez Robespierre. — Ils le trouvèrent seul ; Danton lui adressa quelques mots sur la république. — Tu es comme Philippeaux, lui dit Robespierre, tu prêches le modérantisme. — Je crois, reprit Danton, que la révolution est achevée, et qu'il faut mettre un terme aux mesures révolutionnaires. — Et moi je crois, dit Robespierre, qu'il y a bien des traîtres. — Où sont-ils donc?

ajouta Danton. — Ceux, reprit Robespierre, qui cachent leur ambition sous le voile du modérantisme; ceux qui se sont fait gloire de n'avoir pas dénoncé les girondins, et qui les ont condamnés pour ne pas perdre la partie; ceux qui ont fait l'éloge de Dumouriez. — Robespierre continua de parler; la sensibilité avait pris en ce moment la place qu'occupait toujours l'énergie dans l'ame de Danton, quelques larmes roulèrent dans ses yeux. Robespierre, se courbant alors pour attacher la boucle de son soulier, jeta sur Legendre un regard où brillait la joie, et lui dit : Le vois-tu, le superbe?

Legendre et Danton sortirent. — Viens à l'assemblée, dit Legendre, tu trouveras la majorité, tes amis t'attendent. — Danton regarda un moment Legendre; puis il dit : *Il n'est pas encore temps.* Legendre le pressa en vain : *Il n'est pas encore temps!* répondait toujours Danton; et au lieu d'aller à la séance du soir, il se dirigea vers l'Opéra. Mais Legendre se rendit à l'assemblée; Danton y fut accusé par Robespierre, qui voulait voir, disait-il, si la liberté triompherait de cette idole, ou si l'idole en tombant écraserait la liberté. Legendre essaya de le justifier; mais Saint-Just fit un tableau des crimes reprochés à Danton. *Tu as servi la tyrannie,* disait-il; *tu as conspiré avec Barnave et Lameth; tu es l'ami de Fabre; tu as loué Dumouriez; chassé du Comité de salut public, tu as dit : Je n'ai pas de rancune, mais j'ai de la mémoire. L'ambassa-*

deur d'Espagne a dit : *Ce qui nous perd, c'est que le Comité de salut public a été renouvelé. Tu en étais alors, Lacroix ! tu en étais alors, Danton ! Danton, tu es un conspirateur !* Et Couthon s'écria : *Que chacun rende compte de la fortune qu'il a aujour-d'hui et de celle qu'il avait en entrant à la Conven-tion.* Quelques amis de Danton se disaient tout bas : Où est-il ? qu'est devenue son éloquence colossale ? Mais un ami plus prévoyant vint le trouver à l'Opéra, et lui offrit sa voiture et un asile loin de Paris. Danton sortit ; il était déja sur le marche-pied de la voiture, lorsqu'un inconnu s'approcha : Il n'est pas encore temps, lui dit-il. Danton le regarda, descendit de la voiture, et se dirigea chez lui ; il y fut arrêté au milieu de la nuit, et cinq jours après il mourut sur l'échafaud.

HEURE VII.

DANTON, HÉRAUT DE SÉCHELLES, ETC., DEVANT LE TRIBUNAL RÉVOLUTIONNAIRE.

Les accusés avaient été conduits de la prison du Luxembourg au tribunal révolutionnaire, à travers un peuple morne et silencieux. C'était Robespierre qui frappait Danton ; la hache révolutionnaire paraissait suspendue sur toutes les têtes. Qui pouvait désormais se croire assez républicain ?

Mais les prisonniers qui demeuraient au Luxembourg, et qui n'avaient plus que quelques heures à vivre, exprimaient sans crainte les sentiments qu'ils éprouvaient. Là, ceux mêmes qui détestaient la révolution dans ses actes et dans son principe, comme ceux qui étaient partisans d'une république bien réglée, tous s'intéressaient au sort de Danton, et sur-tout de Camille Desmoulins, qui, dans des jours d'illusion, avait entraîné le peuple à la destruction de la Bastille ; car le malheur rapproche les hommes et verse un baume sur les plaies de l'ame les plus ulcérées.

Les accusés furent introduits, et le président du tribunal s'adressant à Danton : Citoyen, quel est ton nom ? lui dit-il. — Mon nom est assez connu dans la révolution ; ma demeure sera bientôt dans le néant, et je vivrai dans le panthéon de l'histoire. — Tu es accusé d'avoir conspiré pour rétablir la monarchie. — Danton, ex-substitut du procureur de la Commune, ex-ministre de la justice, ex-membre du Comité de salut public, chef du club des Cordeliers, et député à la Convention, engagea le peuple, après le voyage de Varennes, à demander la déchéance du tyran ; Danton a organisé les journées du 20 mai, du 2 juin et du 10 août ; il a applaudi aux journées de septembre, il a voté la mort du tyran et celle des girondins ; et Danton a conspiré contre la république ! — Tu n'as plus rien à dire pour ta défense ? — Je dirai le reste devant Robespierre, Couthon, et Saint-Just. —Tu ne seras point confronté avec eux ; la Convention a passé à l'ordre du jour sur ta demande.—A ces mots, les accents mâles et tonnants de Danton retentirent dans la salle, le peuple s'agitait, et le président craignant l'effet de cette éloquence foudroyante fit entendre le bruit de sa sonnette pour imposer silence à Danton. — Président, s'écria Danton, la voix d'un homme qui défend sa vie et son honneur doit vaincre le bruit de ta sonnette. — Des murmures d'applaudissements se firent entendre dans l'assemblée. Le président fit alors signe à un huissier; celui-ci sortit de la salle, et l'on vit bientôt entrer un autre peuple, armé de bâtons qu'il brandissait en vociférant contre les ennemis de la république, et en couvrant du bruit de sa voix la voix de l'accusé. — Peuple, s'écria Danton, tu me jugeras quand tu m'auras entendu; ma voix doit retentir non seulement dans cette enceinte, mais par toute la France. Alors le président consulta les jurés qui se déclarèrent suffisamment instruits; puis s'adressant à Héraut de Séchelles, il lui demanda son nom. — Marie-Jean; mais qu'as-tu besoin de mon nom? ne le vois-tu pas sur tes tablettes de sang? J'ai partagé tous les crimes de Danton; comme lui, j'ai demandé l'institution du jury, mais aujourd'hui le jury est devenu une cour prevôtale. En matière politique, ses lumières sont trop étroites, et il agit sous l'empire des passions et de la peur. J'ai voulu, comme Danton, arrêter ce fleuve de sang qui ne fécondait point la liberté; mais nous aurions pu, en alimentant sa source,

traduire ici les plus grands criminels ; nous siége-
rions encore à la Convention, et tu jugerais aujourd'hui Robespierre et Couthon en attendant que
demain tu fusses jugé par d'autres. Comme il disait ces mots, une boulette de papier mâché tomba
sur la figure du président, qui s'agita sur son siége
en cherchant des yeux le coupable. C'est Danton,
s'écria l'un des jurés, qui lance des boulettes à la
figure du président. A ces mots, une seconde boulette vint se coller sur la lèvre du président, et
excita l'hilarité de ce peuple de Robespierre, qui
était entré avec ses habits en lambeaux et des bâtons noueux pour maintenir l'ordre contre l'autre
peuple ouvrier et marchand.

La parole fut ôtée à Héraut de Séchelles, et le
président, s'adressant à un troisième accusé, lui
demanda son nom. —Parlez un peu fort, répondit
celui-ci, je suis sourd. —Écrivez, dit le président au
greffier, qu'il a conspiré sourdement. Alors les
applaudissements du tribunal et des sans-culottes
vengèrent le président des boulettes de Danton et
des vérités de Héraut. Mais quelques spectateurs,
pâles d'effroi, se hâtèrent de quitter la salle, ils
fuyaient avec horreur ce tribunal homicide. Hélas!
que leur servit de n'avoir qu'une vertu morte? Ils
comparurent le lendemain devant ce même tribunal, ils étaient suspects d'avoir improuvé le jugement de la veille, et ils allèrent à l'échafaud.

Cependant le jury s'était trouvé suffisamment
instruit, avant d'avoir entendu tous les accusés. Il

sortit pour délibérer, et rentra après quelques mi-
nutes ; les accusés furent déclarés coupables, et
condamnés à la peine de mort.

Ils montèrent incessamment sur la fatale charrette, et furent conduits au lieu de l'exécution.
Pendant la route, ce fut un torrent d'effrayantes
plaisanteries que les autres victimes firent pleuvoir
sur Fabre-d'Églantine. *Va, disait Héraut, vois-tu
notre sainte mère guillotine qui va te faire la barbe?
—Pauvre Fabre, disait Danton, tu vas faire plus de
vers que tu n'en as fait dans ta vie.* Et en disant ces
mots, il lui frappait doucement la figure avec un
bouquet de roses. — Combien, ajoutait Lacroix,
donneras-tu à celui qui va te rendre le dernier ser-
vice ? — Te souviens-tu, reprenait un autre, que
nous en fîmes autant aux pauvres girondins ? —
Et c'est là notre tort ! s'écria Fabre avec un accent
prophétique. — Puis Héraut, s'adressant à Danton : Lorsque tu marchais si vigoureusement dans
le sentier de la révolution, et que tu défendais cet
infame Marat que nous avons divinisé, qui se serait
douté qu'un jour tu te serais arrêté pour laisser ta
tête sur le chemin ? — Bah ! disait Danton, j'ai
bien joui de la révolution, et je ne lui demandais
que cela. Cependant le bourreau faisait son office ;
il ne restait plus que Fabre, Danton et Héraut. Et
Fabre en montant sur l'échafaud, s'écria avec le
même accent prophétique : Mais Robespierre ne
s'arrêtera pas, et il périra comme nous ! Ces mots
firent sourire Héraut et Danton. — Adieu, se di-

rent-ils, lorsqu'ils virent tomber la tête de Fabre; adieu, répétèrent-ils encore, et ils s'approchèrent pour s'embrasser; mais ils furent brutalement séparés. Alors Danton, jetant son bouquet de roses : Porte cela au beau Robespierre, et annonce-lui que je l'attends dans quelques mois. Il cessa de parler, et l'on n'entendit plus que le bruit du couteau qui glissait rapidement; la charrette reprit avec un murmure sourd sa voie ordinaire, et quatre mois après Robespierre vint avec Couthon et Saint-Just rendre compte de tout le sang qu'il avait versé.

Danton périt six mois après les girondins, et ceux-ci avaient été sacrifiés neuf mois et demi après Louis XVI. Avec quelle effrayante rapidité la révolution dévorait ses enfants!

Westermann qui avait fait triompher les armes de la république dans la Vendée, périt le même jour que Danton et Camille Desmoulins.

HEURE VIII.

LE 22 PRAIRIAL (10 JUIN 1794), ROBESPIERRE PORTE LÉGALEMENT LA TERREUR A SON DERNIER DEGRÉ.

Nous avons mal passé la décade, disait Robespierre, la guillotine a perdu trois jours. — Avant-hier, répondit Saint-Just, elle s'est reposée en l'honneur du décadi et de l'Être suprême. A ces mots,

Robespierre lui lança un regard pour pénétrer jus-qu'au fond de son ame ; il y avait dans la vérité de ces paroles un blâme foudroyant, c'était en l'hon-neur de l'Être suprême que Robespierre avait arrêté la guillotine. — Et hier, dit-il, combien a-t-on condamné d'aristocrates et de conspirateurs? — Vingt-trois, répondit Saint-Just, et cent qua-rante-huit dans la décade. — Nous sommes entourés de traîtres, reprit Robespierre ; vingt par jour seulement! On veut nous rendre odieux, on veut que les exécutions n'en finissent pas. Il en faut soixante ; il faut les mitrailler en masse. C'est en parlant ainsi qu'ils arrivèrent à la Convention ; là, Couthon, de concert avec Robespierre, demanda d'abord la suppression des défenseurs officieux. Cette institution, dit-il, a été inventée par la fac-tion des indulgents ; il est temps que la liberté triomphe de cette nouvelle faction. Ensuite Cou-thon proposa un décret terrible composé de vingt-deux articles ; quelques voix se firent entendre pour demander l'impression et l'ajournement à trois jours. — Citoyens, dit Treilhard, je ne crains pas les calomnies, mais on emploie des machinations odieuses. Aujourd'hui on dit : Un tel a été arrêté ; demain on répand qu'il est suspect à cause du bruit de la veille, et le troisième jour on l'arrête. — Treilhard, dit Robespierre, tu fais le modéré, tu es de la faction des indulgents, tu veux tenir le juste milieu entre les aristocrates et les patriotes. — Treilhard descendit de la tribune, personne n'osa prendre la parole, et les vingt-deux articles de Couthon furent adoptés sur-le-champ, et comme sans discussion. Ce décret réorganisait le tribunal révolutionnaire, et distribuait les ennemis du peuple dans tant de catégories, qu'il était bien difficile de ne pas appartenir à l'une d'elles. On abrégeait les formalités de l'accusation, on supprimait la défense, et on admettait comme preuves toute espèce de renseignements; on défendait enfin de rendre à la liberté ceux qui seraient absous, et on condamnait à la peine de mort ceux qui ne le seraient pas. L'article 16 était ainsi conçu : *La loi donne pour défenseurs aux patriotes calomniés des jurés patriotes; elle n'en accorde point aux conspirateurs.* Ainsi, d'après cet article, on était condamné ou absous par le fait même de l'accusation, et le jugement n'était qu'une inutile formalité.

Aussi depuis ce jour la guillotine ne se reposa plus, excepté le 26 messidor. Le nombre des victimes s'éleva suivant le desir de Robespierre; six jours après le décret il y en eut quarante-deux, et le lendemain soixante. Cependant le dernier jour de chaque décade était un jour férié, et ce jour-là on ne sacrifiait pas à la mort; mais lorsqu'on frappa enfin Robespierre, Couthon et Saint-Just, ils périrent le 10 thermidor; car leur exécution ne fut pas un sacrifice à la mort, mais un besoin de la justice.

HEURE IX.

LE 9 THERMIDOR (27 JUILLET 1794), LE PARTI DE ROBESPIERRE EST RENVERSÉ.

Le 26 juillet, une sombre terreur dont on ne pouvait assigner la cause positive, s'était emparée de la majorité des députés, et Barrère, prêt à tourner à tout vent, avait préparé trois discours d'un esprit différent; mais lorsqu'il vit les jacobins parler à la tribune d'un parti soudoyé par l'étranger pour fomenter nos discordes intestines, et dénoncer comme contre-révolutionnaires les propositions de ces hommes qui voulaient qu'on punît de mort tout blasphème contre la Divinité, alors Barrère fit l'éloge des jacobins et de leurs chefs, exalta le bonheur dont la France jouissait; mais pendant qu'il parlait un homme qu'au premier aspect on eût pris pour un sans-culotte, et sous les guenilles duquel on apercevait un linge blanc et fin, vint remettre mystérieusement un morceau de papier à Billaud de Varennes. Billaud y jeta un regard furtif, et cessant d'applaudir au discours de Barrère, il frissonnait chaque fois qu'il entendait l'apologie de Robespierre et du triumvirat.

On ne s'en étonnera pas, car ce papier était une liste de proscription; à la tête de cette liste se trouvaient les noms de Barrère, Billaud et Collot-d'Herbois; ensuite venaient ceux de Fouché, Tallien, Dumont, Amar, et ils étaient tous écrits de la main de Robespierre lui-même. Cependant Barrère quitta la tribune, et fut remplacé par Robespierre. Celui-ci dans le cours de sa harangue, dit qu'il fallait pour sauver la patrie retrancher les membres gangrenés qu'il apercevait de cette tribune où il parlait: — Vois, dit Billaud à Barrère en lui montrant la liste, tu as la gangrène. Barrère frémit et jura la mort du tyran.

La liste de Billaud fut bientôt connue de tous ceux dont les noms s'y trouvaient inscrits. Ils se réunirent et rassemblèrent quelques uns de leurs collégues, pour délibérer sur les moyens de perdre Robespierre. Mais la terreur avait éteint dans tous les cœurs l'amour du bien public. Les proscrits montraient une vive énergie, parcequ'ils avaient à sauver leurs jours, les autres députés cherchaient froidement à se mettre personnellement à l'abri de tout danger. Ah! s'écria l'un d'eux, si Robespierre triomphe nous serons enveloppés dans la proscription! — Eh bien! dit Dumont, abandonnez-nous, et dans six semaines vous nous suivrez. Ces mots les firent frémir, mais ne les déterminèrent point encore.

Cependant les députés proscrits s'armèrent d'une résolution extrême. A la séance du lendemain, Barrère accusa Robespierre d'aspirer à la dictature. Celui-ci, étonné de cette audace, monte à la tribune, et laisse voir dans son discours l'incertitude d'un esprit qui se trouble. Couthon essaya en vain

de suppléer par sa férocité à la faiblesse de Robespierre. — Tallien se déchaînant avec fureur : Voici,
dit-il en montrant un poignard, voici l'arme de
Brutus. Ma main frappera le tyran, si la Convention ne lance en ce moment un décret d'accusation
contre lui. Pendant ce temps, Robespierre assis à
sa place, tenait un canif ouvert, et son bras s'agitait avec convulsion, comme s'il eût voulu se frapper. Cependant il se décida à parler encore. A bas
le tyran ! cria Dumont. A bas le tyran ! répétèrent
toutes les voix. Lebas, ami féroce de Robespierre,
s'élançant sur Dumont, le saisit au cou pour l'étran-
gler, et il appelait le secours des tribunes; mais les
tribunes demeurèrent muettes, ou applaudirent
à la majorité de la Convention. Lebas fut à l'instant même décrété d'accusation. — Et Couthon
aussi, s'écria une voix, aspirait à la tyrannie. —
Moi ! dit Couthon en levant les mains et les yeux
vers le ciel. — Le triumvirat voulait se partager la
France, dit Barrère ; Robespierre conservait Paris,
Saint-Just recevait le Nord, et Couthon les Alpes.
— A bas les tyrans ! s'écrièrent tous les membres,
et Saint-Just en pleurant vint s'asseoir à côté des
deux Robespierre où étaient déja Couthon et Lebas.
Ces cinq députés furent accusés d'avoir conspiré
contre la liberté publique. Une voix partie des tribunes dit qu'il y avait à la Commune un sceau tout
neuf avec l'empreinte d'une fleur de lis, on cher-
cha à la Commune et on trouva le sceau. C'était,
disait-on, l'œuvre de Robespierre ; peut-être ce

tyran songeait-il, comme on l'a dit, à donner à son pouvoir la sanction de la *légitimité*, en adoptant le signe royal, et en épousant la fille du dernier roi. Pauvre peuple! prends donc bien garde à ne pas être l'éternel jouet des ambitieux!

Cependant Henriot, commandant de la garde nationale, délivre les accusés au moment même où on les transporte en prison, et Fleuriot, maire de la Commune, réunit à l'Hôtel-de-Ville un grand nombre de jacobins. Citoyens, dit-il, quand *le gouvernement viole les droits du peuple, l'insurrection est pour le peuple et pour chaque portion du peuple le plus sacré et le plus indispensable des devoirs...* Faites donc sonner le tocsin ; courez sur les places publiques, ameutez le peuple ; sauvons Robespierre et la liberté. Au même moment Robespierre jeune arrive au milieu des applaudissements, et reçoit l'accolade fraternelle.-Il annonce que le Comité de salut public veut envoyer à l'échafaud ceux qui ont fait le 31 mai contre les girondins... Mort aux traîtres ! s'écrie Coffinhal... Henriot est arrêté! s'écrie une autre voix... Je vais le délivrer, reprend Coffinhal. Et peu de temps après il revint avec Henriot. Robespierre aîné ne se fit pas attendre long-temps ; lorsqu'il parut, le peintre David le serra dans ses bras, et lui dit en le pressant contre son sein : *Si tu bois la ciguë, je la boirai avec toi.*

La Convention nationale, instruite de ce qui se passait, avait mis tous les accusés hors la loi. Plusieurs députés furent envoyés en divers endroits pour diriger le peuple dans ses mouvements. Alors se décida une grande révolution. Les jacobins eurent pour eux des hommes et des canons, mais la majorité criait : *Vive la Convention !*

Bourdon et Camboulas arrivent sur la place de l'Hôtel-de-Ville, et Bourdon montrant la Commune dit à la foule incertaine : C'est là que sont nos ennemis ! c'est là qu'il faut marcher ! Aussitôt les cris de *vive la Convention !* retentirent jusque dans la salle où se trouvait Robespierre. Il y eut un instant de silence qui fut bientôt troublé par un coup de pistolet : c'est Robespierre qui s'est fracassé la mâchoire, dit-on. Et dans l'instant même Robespierre jeune se jeta par une fenêtre, et tomba à côté de Bourdon sur un citoyen qu'il blessa griévement. On enfonce les portes ; Lebas veut encore résister, il est tué à coups de baïonnette. Un gendarme tire un second coup de pistolet à Robespierre pour l'achever ; le tyran n'est pas mort, mais il est baigné dans son sang. Un homme s'approche de lui : Robespierre, lui dit-il, il est un Être suprême. Et Robespierre lui lança un regard farouche. Couthon voulant se suicider n'osait se porter que de faibles coups ; Saint-Just fut arrêté ; Henriot s'échappa dans le tumulte, et, comme une bête immonde, il se réfugia dans un égout ; la baïonnette d'un gendarme l'en fit sortir.

Pendant qu'on mettait un appareil sur la plaie de Robespierre, la Convention décidait que les coupables seraient exécutés sans délai. On les conduisit donc à l'échafaud, et les femmes de Paris firent plusieurs fois arrêter la charrette pour danser la carmagnole devant les criminels. Une d'elles s'approchant : Monstre, dit-elle à Robespierre, tu as fait périr toute ma famille, mais la mort et l'éternité approchent ! Et Robespierre, détournant les yeux, haussa les épaules. Ceux qui étaient présents remarquèrent que Robespierre était vêtu du même habit qu'il portait le jour où il fit célébrer la fête de l'Être suprême, et qu'il avait encore à sa boutonnière le reste des fleurs dont il s'était paré ce jour-là. Le bourreau, formé par Robespierre, fut féroce contre lui ; il déchira l'appareil de sa blessure, et le tyran poussa un cri épouvantable. Le bourreau arracha ensuite l'œil de Henriot, que la baïonnette du gendarme avait mis hors de son orbite. Mais ce barbare ne trouva pas d'applaudissements dans la foule, qui demandait des punitions et non pas des tortures.

Avec Robespierre périrent quatre-vingt-treize de ses complices, presque tous membres du conseil de la commune de Paris. Les détenus qui étaient dans les prisons publiques commencèrent enfin à respirer ; on les rendit peu à peu à la liberté, contre la volonté de Billaud et de plusieurs autres députés, qui avaient voulu renverser le nouveau Catilina sans supprimer la terreur. Goupilleau, Fressine et Bourdon de l'Oise accusèrent David, qui se défendit en accusant Robespierre. Il fut cependant arrêté, et ses élèves obtinrent *sa grace.*

L'année d'après, il dirigea l'insurrection du 20 mai, où le député Féraud fut tué à la tribune en couvrant de son corps le corps de Boissy d'Anglas. Billaud de Varennes et Collot-d'Herbois furent déportés à Cayenne. Barrère accusé se sauva, et reparut encore sur la scène politique. Barrère avait justifié les plus grands criminels en disant que leurs formes seulement étaient acerbes ; c'est Barrère qui inventa l'expression *de battre monnaie sur la place de la Révolution*, et plusieurs autres semblables.

HEURE X.

AVEUX.

Cambacérès rencontra un jour Lanjuinais, et l'abordant avec un visage où régnaient tout à-la-fois l'espérance et l'inquiétude, il engagea avec lui une conversation qu'on a recueillie et qui n'est pas sans intérêt.

Lanjuinais, dit-il, que penses-tu du Directoire ? (Il n'y avait pas encore cinq mois que Treilhard, Réveillère-Lépaux et Merlin de Douai avaient été renversés, et remplacés par Gohier, Roger-Ducos et le général Moulins.) — La France en est lasse, répondit Lanjuinais ; le Directoire est aussi tyrannique que la Convention, quoiqu'il ne soit pas sanguinaire comme elle ; les mesures *énergiques* de la Convention inspiraient la terreur, et l'allure tracassière du Directoire fatigue comme tout ce qui est mesquin, quand on ne peut s'en débarrasser.— Et si on s'en débarrassait? reprit Cambacérès. — Ce n'est pas à moi, dit Lanjuinais, qu'il faut proposer une conspiration; les secousses qui ébranlent toutes les existences servent rarement la liberté. J'attends tout du temps, des élections, et de la raison publique —A Dieu ne plaise que je conspire! dit Cambacérès; je suis plus habitué à suivre ceux qui triomphent qu'à conspirer avec eux; car enfin il faut bien prendre ce parti dans un temps si fécond en changements; et vois, depuis la chute de Robespierre n'avons-nous pas eu cinq grandes conspirations qui ont ébranlé ou renversé le gouvernement? — Tu ne me parais pas tenir particulièrement à des principes politiques bien arrêtés. — Quand on a essayé vainement de faire les affaires des autres, on ne songe plus qu'aux siennes propres. Dans les temps où nous vivons, il suffit à un honnête homme de ne provoquer aucun ébranlement; mais je ne vois pas pourquoi il n'accepterait pas les choses qui arrivent comme événements arrivés, et pourquoi il ne tâcherait pas de s'en accommoder. J'avoue cependant qu'après dix ans d'agitation, je ne serais pas fâché de trouver un peu de repos, et je le recevrais même d'un homme qui le donnerait avec des titres et des cordons. —A ces mots, Lanjuinais soupçonna qu'une conspiration nouvelle s'organisait et qu'on travaillait à faire passer la France sous la domination d'un seul; il essaya donc d'obtenir des explications plus précises, et, pour faire parler Cambacérès, il blâma en détail les petites mesures du Directoire, qu'il disait plus capables de révolter que d'intimider les hommes même les plus faibles. On exige, dit-il, un passe-port pour aller d'une rue dans une autre ; il faut exhiber une carte de sûreté quand on passe devant un corps-de-garde ; on ne peut porter un collet vert ou noir, faire tresser ses cheveux, sans être accusé de conspirer ! — Tous ces moyens étroits fatiguent le peuple, dit Cambacérès, il aimerait mieux le gouvernement d'un homme fort.... Ici la conversation fut interrompue par l'arrivée de Gohier, qui fit avec complaisance l'éloge du général Bonaparte, et termina en disant que ce jour même le général dînait chez lui. Cambacérès sourit, et Lanjuinais demanda si ce héros qui avait été si brillant en Égypte et en Italie n'était pas le même qu'on avait vu le 13 vendémiaire (4 *octobre* 1795), à la tête des anciens satellites de Robespierre, faire mitrailler le peuple de Paris, et laisser deux mille morts dans la rue Saint-Honoré et sur les marches de l'église Saint-Roch. — Mais le peuple de Paris se révoltait alors contre le décret que la Convention voulait rattacher à la Constitution de l'an III, et qui ordonnait de prendre les deux tiers des députés parmi les membres sortant de la Convention. — N'est-ce pas lui, continua Lanjuinais, qui fit délibérer son armée en Italie, et lui fit prêter serment d'exterminer les *brigands modérés*, afin de seconder la révolution qui proscrivit Carnot, Boissy d'Anglas, Camille Jordan, Mathieu Dumas, et tant d'autres?—Mais le 18 fructidor (4 *septembre* 1797), reprit encore Gohier, se fit dans le sens de Barras.—Et le 30 prairial (16 *juin* 1799), qui renversa le 18 fructidor, se fit aussi dans le sens de Barras. Le général Bonaparte, ajouta Lanjuinais, ne me paraît ni connaître ni aimer la liberté. La liberté ne se fonde pas à coups de canon, et ceux qui se plaisent à renverser sans cesse les gouvernements établis ne veulent pas fonder la liberté. —Mais la liberté est fondée par le Directoire, dit Gohier.—Savez-vous ce que c'est que la liberté? dit Cambacérès; c'est une illusion; c'est une idée mobile et multiforme que chacun place où il veut et voit comme il lui plaît.—La liberté, dit Gohier, consiste dans les principes appliqués par le gouvernement.— La liberté, dit Lanjuinais, n'est point quelque chose d'absolu; elle est variée comme les besoins et les pensées des hommes; elle se renferme pour chacun dans le cercle habituel de ses sentiments et de ses idées. Hors de nos sentiments et de nos idées, il y a d'autres sentiments et d'autres idées possibles, et par conséquent d'autres actes possibles : nous ne les connaissons pas, ils ne nous regardent pas et ne font rien à notre liberté; il y a donc liberté, lorsque chacun a le droit d'agir inoffensivement dans le cercle de ses sentiments et de ses idées. —Tu as peut-être raison, dit Cambacérès; car nous avons vu au commencement de la révolution des hommes qui rêvaient une liberté théorique, et qui pensaient que les hommes et tout ce qui tient à eux se maniaient comme la cire devant le feu. Hélas ! les amis d'une pareille liberté ont laissé leur tête sur l'échafaud ! — Ils ne sont pas les seuls, dit Gohier ; soixante membres de la Convention ont été guillotinés, six se sont donné la mort pour éviter l'échafaud, quatre ont été assassinés, et Condorcet est mort de faim dans sa prison. — Tu pourrais ajouter, dit Lanjuinais, que Perrin est mort de douleur au bagne de Toulon, où Robespierre l'envoya injustement ; que Rebecqui s'est noyé à Marseille en fuyant la proscription ; que Chambon et Lidon ont été tués en se défendant contre leurs assassins ; que Péthion et Buzot sont morts de faim et de fatigue dans un champ, où ils furent à moitié mangés par les bêtes ; que Cusset et Javocques ont été fusillés dans la plaine de Grenelle, et que Maignet a disparu sans qu'on sache ce qu'il est devenu. Je ne compte point tous les autres députés qui ont été proscrits ou déportés, et dont la plupart n'ont évité la mort qu'en fuyant. Le règne de la Convention ne fut point celui de la liberté ; car la liberté se fonde sur les intérêts matériels, lesquels sont éternellement l'expression des besoins. Ce sont les besoins naturels et les besoins de luxe qui décident des mœurs, et la liberté est le produit des mœurs et non pas des lois ; car les lois elles-mêmes sont filles des mœurs, ou bien elles sont oppressives, quelque libérales qu'elles paraissent d'alleurs en théorie. — Pourtant, reprit

Cambacérès, j'ai éprouvé je ne sais quel entraîne-
ment vers la liberté théorique ; j'oubliais aisément
les hommes et les choses, car les rêves spéculatifs
satisfaisaient ma pensée. — Et moi aussi, dit Lanjuinais, mais lorsque je devins législateur, je ne pus
me résoudre à sacrifier les peuples à de vaines
théories, comme la matière expérimentale que les
chimistes composent ou décomposent dans leurs
ateliers. J'étais séduit principalement par l'idée
d'un état fédératif composé de très petites répu-
bliques ; mais en face de l'Europe telle qu'elle est...
peut-être qu'on y viendra !... Au même instant
quelqu'un vint annoncer que le général Bonaparte
avait paru dans le Conseil des Anciens, qu'il avait
parlé en maître, et qu'en ce moment il passait son
armée en revue dans les Tuileries, et qu'il se dis-
posait à renverser le Directoire. — Mais ce n'est
pas possible, dit Gohier, il dîne ce soir chez moi.
Cambacérès sourit ; il prit immédiatement la route
de Saint-Cloud, et Lanjuinais se retira chez lui.

FIN.